Charles Ernest Beulé

L'École de Rome au dix-neuvième siècle

Beaux-Arts

 Le code de la propriété intellectuelle du 1er juillet 1992 interdit en effet expressément la photocopie à usage collectif sans autorisation des ayants droit. Or, cette pratique s'est généralisée dans les établissements d'enseignement supérieur, provoquant une baisse brutale des achats de livres et de revues, au point que la possibilité même pour les auteurs de créer des œuvres nouvelles et de les faire éditer correctement est aujourd'hui menacée. En application de la loi du 11 mars 1957, il est interdit de reproduire intégralement ou partiellement le présent ouvrage, sur quelque support que ce soit, sans autorisation de l'Éditeur ou du Centre Français d'Exploitation du Droit de Copie , 20, rue Grands Augustins, 75006 Paris.

ISBN : 978-1976539800

10 9 8 7 6 5 4 3 2 1

Charles Ernest Beulé

L'École de Rome au dix-neuvième siècle

Beaux-Arts

Table de Matières

Introduction	6
Section I	8
Section II	20

Introduction

S'il est une institution que l'Europe nous envie, parce qu'elle est libérale, féconde, glorieuse, c'est l'Académie de France établie à Rome dans le palais des Médicis. Les autres peuples se procurent aussi bien que nous des canons rayés, des frégates cuirassées et des constitutions ; mais aucun pays n'a osé encore imiter la générosité de la France, qui envoie chaque année à Rome l'élite de ses jeunes artistes, leur offrant pour cinq ans l'indépendance, le commerce des chefs-d'œuvre, le ciel inspirateur de l'Italie, le temps de se révéler à eux-mêmes, l'émulation de la vie commune, des traditions fortifiées par deux cents ans de grandeur. Telle est cependant la légèreté de l'esprit français, tel est le besoin de niveler, qui est la maladie de notre siècle, telle est la joie de détruire toute supériorité, même celle du talent, que des voix s'élèvent pour attaquer l'école de Rome. Je comprends ses ennemis, qui veulent qu'on la supprime ; ils sont francs, ils avouent qu'elle est un obstacle aux folles aventures, une digue contre l'anarchie dans les arts ; ils sortent peut-être de l'exposition des *refusés*. Je ne comprends pas ses faux amis, qui demandent qu'on la réforme, qui avouent en gémissant qu'elle s'affaiblit, qu'elle attend des remèdes, et qui proposent d'abaisser le recrutement, de diminuer le nombre des pensionnaires, de les exempter d'une partie de leurs travaux, de réduire le temps de leur séjour à Rome, de les disperser libres et sans direction dans les diverses contrées du monde, afin qu'ils contemplent les danses des almées en Orient, les courses de taureaux en Andalousie et les manœuvres de l'armée prussienne à Berlin. À ceux-là je crierai de toutes mes forces : « Un peu d'audace, et frappez au cœur ! Si l'école de Rome doit succomber, qu'elle tombe d'un seul coup avec son passé, ses institutions, sa couronne de jeunes talents, avec les regrets de toute la France ; mais ne l'énervez pas sous prétexte de la guérir, ne la corrompez pas pour qu'elle languisse sans honneur, ne la forcez pas, par des douceurs empoisonnées, de mériter un jour de périr ! »

Un décret du 15 novembre 1863 a pu laisser craindre qu'il ne fût touché à l'école de Rome. L'Académie des Beaux-Arts, à laquelle la loi du 25 octobre 1795 et la loi complémentaire du 4 avril

1796 attribuent la tutelle morale de l'école de Rome, a présenté à l'empereur des observations respectueuses, mais dictées par une ferme conviction et par l'amour du bien public. Il est encore permis d'espérer que l'application du décret sera différée ou adoucie pour ce qui concerne les pensionnaires de la villa Médicis. Quant au rapport adressé par M. de Nieuwerkerke au maréchal Vaillant, je n'ai rien à en dire. Condamner à la face de l'Europe notre école des Beaux-Arts, qui sert de modèle aux écoles des autres pays, flétrir l'École de Rome, d'où sont sortis depuis cinquante ans la plupart de nos artistes éminents, accuser d'incapacité et d'injustice l'Académie des Beaux-Arts, qui résume la doctrine de l'école française et contient toutes ses gloires, c'est une triste tentative qui n'a plus besoin d'être combattue.[1] Il suffit d'en appeler au bon sens de la France et à son patriotisme. Le vain bruit qu'on a suscité dans quelques journaux ne fait illusion à personne. L'opinion, d'abord étonnée, se prononcera bientôt ; je me trompe, elle s'est déjà prononcée. Que ceux qui veulent achever de s'éclairer lisent l'adresse de félicitations insérée au *Moniteur* du 29 novembre, et signée par cent neuf personnes ; qu'ils examinent, je les en adjure au nom de l'honneur national, les signatures apposées au bas de cet acte, qu'ils pèsent la valeur de chaque nom, qu'ils songent, d'un autre côté, que quatre cent quatre-vingt-cinq élèves de l'École des Beaux-Arts ont remis à l'empereur une pétition contraire, et ils seront aussitôt édifiés.

Puisqu'on nous force à nous compter dans une crise qui peut devenir si funeste à l'art français, je crois juste de présenter au public un tableau de l'école de Rome depuis le commencement du siècle. Je n'entreprends ni une histoire ni un panégyrique, mais un simple travail de statistique. Des noms, des dates, des œuvres, mettront le lecteur en mesure de se souvenir et d'apprécier. On accuse l'école de Rome devant le pays de ne justifier ni ses libéralités ni sa confiance : j'apporte les pièces du procès. Que le pays juge !

---

[1] M. Ingres vient de publier, avec l'autorité de son grand nom, une réponse au rapport sur l'École impériale des Beaux-Arts.

Section I

Il est inutile de rappeler par qui l'école de Rome fut créée. Beaucoup de gens seraient en peine de dire quel était le prédécesseur de François Ier ou le successeur d'Henri IV ; mais personne n'ignore et ne veut paraître ignorer que l'Académie de France à Rome a été fondée par Louis XIV et par Colbert. C'est pour ce grand roi et son ministre le titre d'immortalité le plus pur. Cette institution devint aussitôt populaire, vraiment française, chère à notre orgueil, plus chère encore à la pairie, qui l'adoptait pour jamais.

En effet, après cent vingt-huit ans de paix et d'éclat, l'Académie de France à Rome, fille des rois, ne fut pas seulement respectée par la révolution, elle fut protégée avec une vigilance particulière. Le 25 novembre 1792, la convention, alarmée par l'hostilité de la population romaine, plaçait l'école sous la direction immédiate de l'agent français près le Saint-Siège. Peu de temps après, l'émeute chassait les pensionnaires, obligés de se réfugier à Naples auprès de M. de Mackau, et le secrétaire de l'ambassade, M. de Basseville, mourait assassiné dans le Corso, parce qu'il avait dérobé ses compatriotes aux fureurs de la populace. L'Europe était en feu, Rome fermée ; la convention, pour assurer malgré tant de dangers la perpétuité de l'œuvre de Louis XIV, rendît un décret, le 1er juillet 1793, par lequel une pension de 2,400 francs était assurée pendant cinq ans aux artistes qui remporteraient les grands prix.

À peine la tempête fut-elle apaisée, que le directoire ordonna à son tour la réintégration de l'Académie de France à Rome.[1] Ce ne fut cependant qu'en 1801, sous le gouvernement du premier consul, au moment où se signait le concordat, que put avoir lieu la restauration de l'académie. Le nouveau directeur, Suvée, échangea le palais de Nevers contre la villa Médicis, et ménagea ainsi aux jeunes artistes la retraite la plus noble, la plus silencieuse, la plus favorable à l'inspiration et au travail, au milieu d'une architecture grandiose, de fontaines jaillissantes, de bois que dominent les pins

---

1 L'article VII de la loi du 25 octobre 1795 est ainsi conçu : « Les artistes français désignés à cet effet par *l'Institut* et nommés par le directoire exécutif seront envoyés à Rome. Ils y résideront cinq ans dans le palais national, où ils seront nourris et logés aux frais de la république. Comme par le passé, ils seront indemnisés de leurs frais de voyage. »

de la villa Borghèse, au-dessus de la ville éternelle, qui s'étend au pied du mont Pincio. Napoléon Ier voulut même compléter une institution dont il comprenait toute la beauté. Sous la royauté, les grands prix de Rome se bornaient à trois : prix de peinture, de sculpture et d'architecture. Napoléon fonda également, en 1803, des concours pour les graveurs en taille-douce, les graveurs en médailles et en pierres fines, les compositeurs de musique, et demanda à l'Académie des Beaux-Arts d'en rédiger les règlements.

Ainsi l'an 1801 ouvre une ère nouvelle pour l'école de Rome. Elle avait traversé les jours les plus difficiles de la révolution en se fortifiant, en pénétrant plus intimement dans le cœur de la nation. L'empire l'entoura d'honneurs, doubla ses ressources, étendit son influence. Je prends donc les listes de l'école depuis 1801, et je relève les noms de ceux qui ont su conquérir, à des degrés inégaux, ou des succès solides, ou la faveur publique, ou la gloire. Je commence par les peintres.

En 1801, le grand prix de peinture fut remporté par Jean-Dominique-Auguste Ingres. N'était-ce pas quelque chose de providentiel que de voir inaugurer l'Académie de France reconstituée par celui qui devait être le ferme soutien de l'art, le représentant le plus convaincu de la tradition et du spiritualisme, le chef de l'école française ? Pendant le temps de son noviciat, M. Ingres envoya à Paris une *Odalisque, Œdipe et le Sphinx, Jupiter et Thétis*.

Le prix de 1803 fut donné à Blondel, talent plus propre à traiter les allégories que les sujets modernes, qui devait peindre un jour la salle de Henri II au Louvre, le plafond et les dessus de porte de la salle du conseil d'état, quelques-unes des grisailles du palais de la Bourse, et une grande partie de la galerie de Diane à Fontainebleau. — En 1807, Heim arriva à son tour à Rome. Ses compositions, vigoureusement dessinées, pleines de couleur et de mouvement, lui valurent des triomphes précoces qui furent rajeunis, après quarante années, par un triomphe plus éclatant. Ses œuvres, qu'il avait laissé oublier par excès de modestie, frappèrent tous les connaisseurs dès qu'elles reparurent à l'exposition universelle de 1855, et un jury de peintres envoyés des diverses contrées de l'Europe lui décerna une des grandes médailles d'honneur. — Drolling (1810) ne se signala pas seulement par des œuvres distinguées, telles que son *Jésus parmi les docteurs* par exemple, que promettait son envoi de Rome, *la Mort d'Abel*, tant vantée par Girodet ; il fut un professeur estimé, et plus d'un peintre, M. Baudry entre autres, s'honore d'avoir été son élève. — Abel de Pujol (1811) est le peintre de la chapelle de Saint-Roch à Saint-Sulpice, du *Martyre de saint Etienne*, des grandes grisailles de la Bourse et surtout de ce plafond qui décorait si dignement le célèbre escalier de Percier au Louvre, qui a disparu avec l'escalier en 1856, et qu'Abel de Pujol a refait dans la bibliothèque. — Puisse succédèrent Picot (prix de 1813), qui forma dans son atelier de brillans disciples, et qui a peint l'hémicycle de Notre-Dame-de-Lorette, une salle de l'Hôtel-de-Ville, l'abside de Saint-Vincent-de-Paul, par un glorieux partage avec M. Flandrin ; Vinchon (prix de 1814), qui contribua à remettre en vigueur la peinture à fresque par ses études et ses recherches, décora la chapelle de Saint-Maurice à Saint-Sulpice, et l'emporta même sur Paul Delaroche dans le concours qui fut ouvert pour le tableau de *Boissy d'Anglas* ; Alaux (1815), le peintre de nos *États-Généraux* à Versailles, du *portrait de Rantzau*, le restaurateur habile et dévoué qui a rendu à l'art un service inestimable en sauvant de la ruine la salle de Henri II à Fontainebleau ; Léon Cogniet (1817), professeur aimé de la jeunesse, réputé pour ses beaux portraits, l'auteur du *Départ des volontaires*, de *Bonaparte en Égypte* (plafond du Louvre), du *Tintoret peignant sa fille morte*, œuvre qui lui a conquis une si grande popularité ; Michallon (1817), dont les paysages ont eu de l'éclat ; Auguste Hesse (1818), qui a décoré la chapelle de la Vierge à Notre-Dame-de-Bonne-Nouvelle, et peint à Notre-Dame-de-Lorette *l'Adoration des Mages* ; Court (1821), qui a représenté la *Mort de César* et fait de grands portraits d'apparat ; Larivière (1824), qui occupe une place importante au musée de Versailles ; Signol (1830), qu'honorent ses belles peintures de Saint-Eustache, et dont *la Femme adultère* a été répandue par d'innombrables gravures.

Je ne dois citer ici qu'un trait de chaque artiste, le trait par lequel il a frappé l'attention publique. Le danger des expositions est d'assurer la vogue aux tableaux de chevalet et de faire oublier les peintures plus graves et plus vastes qui ornent nos monuments ; mais l'histoire n'oubliera pas que la génération qui partit pour Rome depuis 1801 jusqu'en 1832 a contribué puissamment au progrès de l'art, qu'elle s'est inspirée des beaux modèles de peinture décorative que lui offrait l'Italie, qu'elle en a rapporté des aspirations élevées et de fortes traditions, qu'elle a doté son pays d'œuvres durables et de leçons fécondes, qu'elle a couvert de peintures nos palais, nos musées, nos églises. C'est là qu'on doit chercher chaque maître et le juger, de même que, pour retrouver l'ensemble de l'école bolonaise et sentir son mérite, il faut parcourir les églises et les palais de Bologne. Les peintres qui revenaient de Rome n'étaient pas seulement capables de seconder les vues du gouvernement et d'embellir nos villes ; ils avaient le goût de l'enseignement, ils développaient les principes de l'école de David en les ramenant de plus en plus vers l'étude de la nature, ils formaient une nouvelle génération d'artistes, ils exerçaient une influence heureuse sur leurs rivaux et même sur leurs adversaires, qui, piqués d'émulation, se sont appliqués aussi à peindre nos édifices. Or la peinture décorative, si elle fait la grandeur des belles époques de l'art, est encore le salut des époques de doute et de transition.

L'école de Rome reçut en 1832 la récompense de tant d'efforts : M. Mandrin remporta le grand prix, Flandrin, le disciple chéri de M. Ingres, et qui avait reçu de lui la science du portrait, ce brevet de peintre d'histoire ; Flandrin, qui devait unir la pureté antique à la simplicité chrétienne et tracer des pages immortelles sur les murs de Saint-Vincent-de-Paul et de Saint-Germain-des-Prés.

Après Flandrin, des pertes cruelles ont frappé l'école et enlevé à la fleur de l'âge quelques-uns des peintres sur lesquels se fondait son espoir : Papety (prix de 1836), dont le *Rêve de bonheur* fut si vanté, et qui avait rapporté de si beaux dessins de Grèce, d'Orient et surtout des couvents byzantins du mont Athos ; Buttura (1837), qui avait eu le temps de faire admirer son talent de paysagiste dans ses vues du *Forum*, de *Tivoli* et son *Saint Jérôme* ; Léon Benouville (prix de 1845), qui avait représenté *les Martyrs dans le cirque*, et dont le *Saint François d'Assise* n'aurait pas été désavoué par les maîtres. Malgré ces vides, l'école cite avec orgueil des noms qui sont répétés par toute la France : Pils (1838), qui a retracé nos victoires de Crimée ; Hébert (1839), le peintre de la *Mal'aria*, dont le pinceau exprime une sympathique mélancolie ; Cabanel (1845), que *la Mort de Moïse, la Glorification de saint Louis* et ses peintures décoratives ont fait entrer à l'Institut avant l'âge de quarante ans ; Baudry (1850), qui a peint *la Fortune et le jeune Enfant, le Supplice d'une Vestale*, de beaux portraits, et qui possède le don de la couleur dans la mesure des Vénitiens. Ensuite paraissent d'autres talents qui ont mérité l'estime des connaisseurs et fixé aussi l'attention du public : Barrias (1844), l'auteur des *Exilés de Tibère*, Lenepveu (1847), le peintre du *Martyre de saint Saturnin*, qui serait déjà célèbre, s'il avait tracé sur les murs d'une église de Paris les vigoureuses et nobles compositions qu'il a exécutées dans une chapelle d'Angers ; Boulanger (1849), habile à représenter tour à tour les Grecs ou les Arabes, les intérieurs de Pompéi ou les scènes de la Kabylie ; de Curzon (1849), qui retrace avec tant de distinction et de pureté les ruines de Pæstum et d'Athènes ; Bouguereau (1850), l'auteur de *Sainte Cécile transportée dans les Catacombes*. Je passe sous silence des artistes plus jeunes qui, à peine revenus de Rome, se préparent à entrer en lice à leur tour et rêvent la gloire.

Certes, lorsqu'en moins de cinquante années (de 1801 à 1850), une institution produit *vingt-six* peintres qui marquent parmi leurs contemporains, qui honorent l'école française par leurs œuvres, qui s'illustrent par les aptitudes les plus diverses, lorsqu'elle compte deux hommes comme M. Ingres et M, Flandrin, je dis qu'une telle institution a bien mérité de son pays, qu'elle a droit à sa reconnaissance, qu'elle a surtout le droit de vivre intacte et respectée.

Que sera-ce si nous considérons les prix de gravure et de composition musicale créés par le premier consul ? La gravure en taille-douce, que l'état cesse peu à peu d'encourager et que le public délaisse, séduit par la photographie, nous offre Richomme (prix de 1806), qui a attaché son nom au *Triomphe de Galatée*, à la *Sainte Famille* de Raphaël ; Forster (prix de 1814), qui a gravé *les Trois Grâces* et *la Vierge à la Légende*, d'après Raphaël, *la Vierge au Bas-relief*, d'après Léonard de Vinci, *François Ier et Charles-Quint*, d'après Gros ; Martinet (1830), à qui nous devons *la Vierge à l'Oiseau, la Vierge au Palmier, le Sommeil de Jésus*, d'après Raphaël, un beau *portrait* d'après Rembrandt et d'autres gravures d'après des tableaux modernes ; Salmon (1834), qui n'a voulu reproduire que des œuvres des vieux maîtres, Michel-Ange, Raphaël, Sébastien del Piombo, André del Sarto. La gravure en médailles, dont le prix, plus rare encore que celui de la gravure en taille-douce, se décerne tous les quatre ans, doit à l'école de Rome des artistes qui ont soutenu la numismatique française et rempli de leurs œuvres commémoratives les collections et les musées : Gatteaux (prix de 1809), Oudiné (1831), Merley (1843), qui, en revenant de Rome, a remporté le premier prix des monnaies d'or de la nouvelle république française : nos pièces de 20 francs ont répandu partout sa charmante composition.

Quant à la musique, art si populaire, si privilégié, qui enchante la foule aussi bien que les délicats et reste dans toutes les mémoires, il suffira de prononcer des noms bien connus : Hérold (prix de 1812), génie moissonné avant l'âge, qui ne se serait point arrêté au *Pré aux Clercs* et à *Zampa* ; Halévy (1819), dont *la Juive* fera vivre le nom ; Berlioz (1830), à qui personne ne refusera du moins la science musicale et de nobles élans de symphoniste ; Ambroise Thomas (1832), qui a charmé le public avec *le Caïd* et *le Songe d'une Nuit d'été* ; Gounod (1839), qui a composé *Faust* ; Victor Massé (1844), l'auteur de *Galatée*. Je pourrais ajouter d'autres noms qui veulent encore grandir, tant il est vrai que les belles nuits de Rome, la majesté de la ville des césars, la mélancolique solitude de sa campagne, l'éloquence des ruines antiques, les chœurs de la chapelle Sixtine, l'harmonie de la langue italienne, ne sont point inutiles aux musiciens : ce souffle divin qui court sur toute l'Italie fait vibrer leur âme aussi bien que l'âme des autres artistes.

Si nous considérons à leur tour les sculpteurs, nous voyons que l'école de Rome a formé la plupart des sculpteurs éminents du XIXe siècle : Cortot (1809), l'auteur de *Pandore*, du *Soldat de Marathon*, de *Louis XV enfant*, du fronton de la Chambre des Députés, sculpteur consommé dans la théorie et la pratique de son art, à qui la postérité rendra justice encore mieux que ses contemporains ; David d'Angers (1811), qu'il suffit de nommer, mais pour qui le séjour de Rome fut particulièrement salutaire, car les inspirations pures et élevées qu'il en avait rapportées le soutinrent longtemps contre lui-même et contre les tendances qui le dominèrent à la fin de sa vie ; Pradier (1813), dont les statues ont charmé la France entière, dont le chef-d'œuvre est peut-être son envoi de Rome, son *Fils de Niobé*, et qui, fatigué par des productions abondantes et populaires, est allé deux fois se retremper à Rome (ranimé par le contact du génie antique, il nous donnait, à son premier retour, la *Psyché*, à son second retour la *Phryné*, toutes deux taillées dans du marbre grec ; Petitot (1814), l'auteur d'*Ulysse*, de figures décoratives qui sont un type classique et achevé du genre, du *Tombeau du roi Louis* à Saint-Leu ; Ramey (1815), dans l'atelier duquel se pressait la jeunesse pour entendre ses leçons aussi bien que celles de son ami Dumont, Ramey, qui avait rapporté de Rome *Thésée terrassant le Minotaure*, et s'était ouvert aussitôt les portes de l'Institut : Nanteuil (1817), qui, comme Pradier, avait exécuté à la villa Médicis son chef-d'œuvre, l'*Eurydice mourante*, et qui a soutenu sa réputation par sa *Sainte Marguerite*, ses frontons de Notre-Dame-de-Lorette et de Saint-Vincent-de-Paul ; Seurre aîné (1817), à qui nous devons *la Baigneuse, Sylvie pleurant la mort de son cerf*, et le *Molière* placé sur la fontaine de la rue de Richelieu ; Lemaire (1821), qui a sculpté le fronton de la Madeleine et élevé le monument de *Froissart* à Valenciennes, sa ville natale ; Dumont (1823), dont on admirera toujours la charmante *Leucothée* et les deux œuvres qu'il à placées sur des colonnes triomphales, le *Génie de la Liberté* sur la colonne de la Bastille, la statue de *Napoléon Ier* sur la colonne de la place Vendôme ; Duret (1823), dont le *Mercure inventant la lyre* et le *Danseur napolitain* sont présents à toutes les mémoires, et que n'illustrent pas moins les *Figures ailées* du salon des Sept-Cheminées à l'ancien Louvre et le fronton du nouveau ; Seurre jeune (1824), qui a représenté *Napoléon Ier* dans le costume chanté par Béranger, et dont la statue vient de passer de la colonne de la grande armée sur le piédestal de Courbevoie ; Jaley (1827), talent varié, qui réalise tour à tour la grâce et le caractère, et qui sculpte tantôt *la Prière* ou *la Pudeur*, tantôt le *Mirabeau* ou le *Louis XI* de Versailles ; Dantan aîné (1828), dont le *Baigneur jouant avec un chien* orne le musée du Luxembourg ; Jouffroy (1832), qui préside aujourd'hui l'Académie des Beaux-Arts, et qu'ont rendu célèbre sa *Jeune Fille confiant un secret à Vénus* ; sa belle étude de *Caïn* et le fronton des Jeunes-Aveugles ; Simart (1833), mort à cinquante ans, sculpteur qui tendait vers l'art antique par des aspirations passionnées, et qui était appelé à exercer tant d'influence par l'énergie de ses convictions et le respect qu'il inspirait : son *Oreste*, les *Victoires* de la barrière du Trône, les bas-reliefs de Dampierre et ceux du tombeau de l'empereur consacreront un talent qui grandissait toujours.

Nous comptons ensuite : Bonnassieux (prix de 1836), que recommandent *l'Amour se coupant les ailes, Jeanne Hachette*, et de beaux bustes ; Diéboldt (1841), ravi par une mort prématurée, particulièrement doué pour la sculpture monumentale, ainsi que l'atteste son fronton du Louvre ; Cavelier (prix de 1842), dont la *Pénélope endormie* a eu un succès immense ; Lequesne (1844), dont le *Faune dansant* est populaire ; Guillaume (1845), talent élevé, réfléchi, complété par la culture des lettres et la science des principes, qui s'est manifesté si noblement par les *Gracques*, le *Faucheur* et les bas-reliefs du chœur de Sainte-Clotilde ; Perraud (1847), tempérament généreux, sculpteur de premier ordre, dont l'avenir a été salué dans la *Revue*,[1] et qui exprime avec une puissance supérieure les sujets les plus divers et les natures les plus opposées ; Maillet (1847), dont l'*Agrippine*, pleine de sentiment, respire un caractère romain ; Thomas (1848), dont le *Virgile* a dépassé encore tout ce que promettait le beau bas-relief du *Soldat Spartiate rapporté à sa mère* ; Gumery (1850), dont le *Faune jouant avec un chevreau* a fondé la réputation ; Carpeaux (1854), qui a débuté avec éclat par son groupe d'*Ugolin* et son *Jeune Pêcheur*. Enfin pourquoi ne nommerais-je pas de jeunes artistes qui nous envoient de Rome même, où ils sont encore pensionnaires, des œuvres aussitôt remarquées : Cugnot (1859), son *Corybante* ; Falguière (1859), son *Jeune Grec vainqueur au combat de coqs* ? N'est-ce point la preuve que la chaîne des bons exemples n'est point interrompue et que le présent porte déjà ses fruits ?

Voilà trente noms, voilà des œuvres, belles ou sérieuses, ou célèbres, qui répondent assez aux calomnies dont l'école de Rome est l'objet. Quoique la sculpture, art plus abstrait, plus idéal, ne séduise point la foule aussi vivement que la peinture, on entend dire, après chaque exposition, que les sculpteurs l'emportent sur les peintres par l'importance de leurs productions, par l'élévation des sujets, par la vigueur de l'exécution, par la science des formes. Rien n'est plus vrai, et l'on peut ajouter que si l'école de peinture se laissait entraîner trop loin par le goût public, de plus en plus indifférent devant la peinture d'histoire ou la peinture religieuse, de plus en

---

1 Voyez la livraison du 1ᵉʳ juin 1861.

plus passionné pour les tableaux de genre, elle serait redressée tôt ou tard par l'école de sculpture. Mais d'où la sculpture tire-t-elle sa force et sa vitalité féconde, si ce n'est du séjour de Rome, de la contemplation des marbres antiques, de l'étude intelligente de la renaissance, des travaux savamment gradués de la villa Médicis ? Qu'on dresse une liste des sculpteurs distingués qui n'ont point été à Rome, et qu'on la rapproche de celle que je viens de présenter ; on trouvera des personnalités brillantes, mais non un ensemble aussi imposant. Et je n'ai cité ni toutes les sculptures monumentales, ni les innombrables bas-reliefs, ni les figures décoratives, ni les statues de grands hommes que commandent à l'envi toutes les villes de nos provinces, ni ces admirables copies en marbre faites dans les musées de Rome et de Florence, qui ornent le palais de l'École des Beaux-Arts et d'autres édifices ! Je ne sais si je suis aveuglé par l'amour-propre national, mais il me semble que jamais la sculpture française n'a tenu un rang aussi élevé en Europe depuis le siècle de Jean Goujon et le siècle de Puget : ce rang, c'est l'école de Rome qui le lui a conquis.

Je ne puis me défendre d'un sentiment semblable lorsque je considère la série de nos architectes romains. À leur tête se place Huyot (prix de 1807), qui a travaillé à l'achèvement de l'arc de triomphe de l'Étoile, que Blouet devait couronner ; Huyot, le plus grand, le plus vénéré des professeurs, dont l'autorité égalait la science, *le maître* dans la belle acception de ce mot. Sa restauration du *temple de la Fortune* à Préneste, son *Plan de Rome*, ses plans tant admirés, mais non exécutés, du Palais de Justice, les dessins magnifiques qu'il avait rapportés de l'Asie-Mineure et de tout le Levant sont des titres de gloire. Garnaud (prix de 1817) s'est signalé à son tour par l'énergie et la jeunesse inépuisables de son imagination. Ses compositions colossales, où le centre de Paris était refait, les Tuileries transformées, le Louvre terminé, ont frappé tous les artistes, tandis que sa suite de *projets d'église*, depuis la paroisse rurale jusqu'à la métropole du monde catholique, ont intéressé tous les architectes. Blouet (1821) appartient à cette école de dessinateurs et de théoriciens qui ont agi fortement sur l'esprit de la jeunesse : professeur éminent, il a complété le grand traité de Rondelet, publié sur *les prisons* un ouvrage plein de documents nouveaux d'une application pratique. Cependant son gage d'immortalité, c'est l'*Expédition scientifique de Morée*, œuvre nationale qui a gravé le nom de la France sur les plus belles ruines de la Grèce, et qui a surpassé les publications du même genre entreprises par les architectes anglais. Lesueur (prix de 1819) est encore un archéologue et un dessinateur, ainsi que le prouvent ses *Vues des Monument antiques de Rome*, son *Architecture italienne*, sa *Chronologie des rois d'Égypte*, ouvrage couronné par l'Académie des Inscriptions et Belles-Lettres. Il est surtout l'architecte de l'Hôtel-de-Ville, qu'il a achevé, agrandi, doublé, œuvre importante à laquelle il s'était préparé par une étude de plusieurs années, et où l'on ne saurait trop louer l'habileté avec laquelle l'ancien monument a été encadré dans un monument plus vaste. Gilbert (1822) a construit l'hospice des aliénés à Charenton, grande et monumentale composition, d'un bel aspect, où les ordonnances les plus rationnelles ont réuni les suffrages des esprits les plus opposés, et la prison de Mazas, dont on admire l'appropriation si intelligente à toutes les destinations d'un semblable édifice. En 1823, le prix fut remporté par Duban, artiste dans l'âme, doué d'un sentiment exquis, d'une élégance rare, érudit, délicat, cherchant la perfection avec cet amour qui était le privilège des artistes de la renaissance et la rencontrant souvent. Sa restauration du Louvre est un chef-d'œuvre. Dans son palais de l'École des Beaux-Arts, élevé quelques années après son retour de Rome, il égale la richesse, la variété, l'imprévu, l'ensemble des effets de l'architecture des beaux temps, et lorsqu'un rayon de soleil éclaire ces portiques, ces cours, ces ruines qui servent de complément, à la décoration, ces sculptures précieuses ajustées dans l'architecture, on se croit transporté en Italie. Henri Labrouste (1824) est l'architecte de la Bibliothèque Sainte-Geneviève et de la Bibliothèque impériale. Si à Sainte-Geneviève le goût et les ornements surprennent au premier aspect, une étude approfondie fait bientôt sentir la distinction, la finesse, les qualités choisies de l'artiste et sa puissante originalité. Sa restauration de la Bibliothèque impériale, hérissée de difficultés, a enlevé tous les applaudissements. Ce n'est pas seulement une restauration méthodique et consciencieuse ; l'intelligence de l'architecte développe en quelque sorte son sujet, et le marque d'un cachet individuel : le pavillon d'angle de la rue de Richelieu est pour les connaisseurs une des parties les plus intéressantes et les plus complètes. Duc (1825) est l'architecte du Palais, de Justice, où tout dénote la conscience, le goût du vrai, l'amour de l'art ; la colonne de Juillet, qui est une de ses œuvres, tout en étant inspirée par les modèles antiques, a sa physionomie propre, et ne ressemble pas aux colonnes romaines.

De 1826 à 1848, l'architecture n'est pas moins dignement représentée par les pensionnaires de Rome. Vaudoyer (1826) construit à Marseille cette belle cathédrale qui dominera un jour les nouveaux ports et sera un des édifices mémorables de notre siècle. Tout en prenant à l'art roman ses traditions les plus nobles, sa fermeté toujours expliquée, ses principes de construction si logiques, M. Vaudoyer trouve en même temps une grandeur et des effets qu'il ne doit qu'à lui-même. Le Conservatoire des arts et métiers, qui lui a été confié, est un mélange de restaurations habiles, intelligentes, de reconstructions originales, où se combinent les souvenirs de la Grèce et de la renaissance. Baltard (1833) est l'historien de la *Villa Médicis*, l'architecte-directeur de la ville de Paris, position élevée dont il profite pour donner une impulsion féconde à tous les travaux d'art, le constructeur des halles centrales, sur lesquelles il vient de publier un savant ouvrage et où plus que personne il a appliqué aux besoins de notre époque, d'une manière rationnelle et élégante, la construction en fer. Est-il besoin de dire que Lefuel (prix de 1839) est l'architecte du Louvre ? Que de difficultés présentait une si grande entreprise ! quelles limites étroites de temps ! quelle administration immense et multipliée, et surtout combien étaient fâcheuses pour l'artiste les exigences sans cesse renouvelées d'un programme qui lui était imposé et qui était mal défini ! M. Lefuel a surmonté ces obstacles, et terminé une œuvre qui a de la beauté, de l'ampleur, des masses imposantes : on doit citer surtout comme un chef-d'œuvre le vestibule qui conduit de la place du Palais-Royal aux jardins du Carrousel. Ballu (1840) a achevé Sainte-Clotilde, restauré la tour de Saint-Jacques et montré que de fortes études classiques rendaient plus capable de créer et de construire dans l'esprit du moyen âge que ceux même qui s'y enferment par des études exclusives. Paccard (prix de 1841) est l'architecte, de Fontainebleau et a construit la chapelle des Bonaparte à Ajaccio : son admirable restauration du Parthénon d'Athènes suffit déjà pour lui faire un nom. Tétaz (1843), qui a achevé la restauration du château de Pau et construit les écuries impériales, Desbuissons (1844), qui a bâti le Palais-des-Arts à Saint-Étienne, ont complété tous les deux la noble entreprise de M. Paccard par leurs dessins restitués de l'Erechthéion d'Athènes et des Propylées. Grâce à ces trois artistes, l'Acropole d'Athènes est devenue une conquête de l'art français.

Normand (1846) a fait la *maison romaine* du prince Napoléon, résumé des souvenirs antiques et de tout le charme de Pompéi, qui dénote à chaque pas le mérite et les études consciencieuses de l'auteur. Garnier enfin (prix de 1848), l'auteur de la restauration du temple d'Égine, le dernier par l'âge, mais non par le talent, attendait avec impatience d'être employé en chef par l'état, attente à laquelle les architectes qui reviennent de Rome sont trop longtemps condamnés, lorsque le concours ouvert pour la construction de l'Opéra lui fournit l'occasion de se produire de la manière la plus subite et la plus glorieuse. Cent soixante-treize architectes prirent part à ce mémorable concours. Parmi ces cent soixante-treize architectes figuraient neuf anciens pensionnaires de l'Académie de Rome et quelques-uns des ennemis les plus célèbres ou les plus acharnés de l'école. Rien de plus loyal, de plus libéral qu'une telle lutte ; elle excita l'attention et les applaudissements de tout Paris, elle servit d'exemple à beaucoup de villes de province qui voulaient faire élever des monuments ; ses vicissitudes et ses résultats méritent d'être rappelés. Le jury, composé exclusivement d'architectes, commença par choisir *seize* projets, les meilleurs, qui furent réservés pour un dernier examen. Sur les seize projets réservés, dont aucun n'était signé, on sut bientôt que *huit* avaient été conçus par d'anciens pensionnaires. C'était là un insigne triomphe, puisque sur cent soixante-quatre artistes étrangers à l'école de Rome huit seulement avaient obtenu un des seize premiers rangs, tandis que, sur neuf concurrents sortis de la villa Médicis, tous, sauf un, avaient mérité d'être choisis. On n'a point oublié que cinq prix ou mentions avaient été proposés aux cinq projets qui seraient classés les premiers. Les architectes de Rome obtinrent quatre de ces récompenses, et lorsque les vainqueurs eurent été invités à une lutte nouvelle, lorsque après deux mois de travail, de corrections, de développements, ils rapportèrent aux juges leurs cinq projets, M. Garnier fut proclamé *à l'unanimité* le plus digne de construire le futur Opéra : beau spectacle, plein de moralité, qui rappelait les nobles débats de l'ancienne Grèce, et qui aurait dû réduire au silence les détracteurs de l'école de Rome !

Enfin il importe de citer, parmi les titres qui recommandent les architectes romains à l'estime de leurs contemporains, cette admirable série de restaurations graphiques que le public peut consulter aujourd'hui à la bibliothèque de l'École des Beaux-Arts. Tous les monuments anciens de Rome, de l'Italie jusqu'à Pæstum, la plupart des temples de la Sicile, de l'Attique et même du Péloponèse, ont été mesurés, cotés, dessinés, restitués avec leur plan, leur coupe, leur élévation, leurs détails, leurs sculptures, leur décoration peinte. Cinquante volumes d'un format gigantesque contiennent ces magnifiques dessins, où les savants puisent la certitude et la lumière, où les artistes cherchent des modèles incomparables et des inspirations. Le jour où le gouvernement français voudra publier de tels travaux avec les mémoires justificatifs qui les accompagnent, il aura élevé un monument scientifique qui commandera l'admiration de l'Europe entière.

Section II

De l'énumération qui précède ressort un chiffre éloquent qui répond mieux que tous les raisonnements aux accusations dont l'école de Rome est l'objet. Sur deux cent vingt lauréats qu'elle a reçus pendant un demi-siècle, peintres, graveurs, musiciens, sculpteurs, architectes, elle a produit près de *cent* artistes distingués : non-seulement tous ont honoré l'école française et enrichi le pays de leurs œuvres, mais beaucoup sont devenus populaires ou même illustres. Pourquoi donc toucher à une institution dont la gloire augmente avec la durée ? pourquoi changer les lois qui la régissent avec tant de suite ? pourquoi détruire une harmonie d'études qui a été si féconde ? Comparons les règlements que vous voulez abroger et les réformes que vous proposez : il est facile, sans un trop grand effort d'imagination, d'en prévoir les conséquences. D'abord vous demandez qu'on ôte à l'Académie des Beaux-Arts la direction et le jugement des concours. « Un jury de neuf membres sera tiré au sort chaque année sur une liste de noms arrêtés par le ministre. »

Je laisse de côté les droits et les privilèges de l'Académie : elle peut les sacrifier quand l'intérêt général le lui commande, comme elle sait les défendre lorsqu'ils sont étroitement unis à nos traditions les plus chères et à l'avenir de l'art. De même j'admets que les noms arrêtés par le ministre ou ses commissaires seront choisis avec discernement, fût-ce parmi les feuilletonistes et les amateurs ; mais croyez-vous donc que ces noms auront pour la jeunesse le même prestige que le nom seul de l'Institut, qu'ils étaient accoutumés à voir présider à leurs luttes et à leurs triomphes ? Dès l'âge de quinze ans, ceux qui se vouaient à l'étude des arts supportaient avec joie un long noviciat, un travail sans récompense, la pauvreté souvent la plus cruelle, dans l'espoir d'entendre un jour leur nom retentir sous la coupole du palais Mazarin, de recevoir des mains des maîtres de l'art ce laurier qui leur donne l'Italie, la liberté, l'avenir ! Lorsque dans quelque salle écartée vous annoncerez le vote de neuf jurés que vous aurez tirés au sort, exactement comme l'on tire ceux qui jugent les criminels dans nos cours d'assises, pensez-vous faire battre les cœurs des artistes comme les fait battre cet antique Institut, qui contient les plus beaux noms de la France, qui s'appuie sur la confiance de la nation, et qui est pour les lauréats l'image de la patrie qui couronne ? Chimères, dites-vous ; mais c'est pour des chimères que s'enflamment les âmes généreuses et qu'elles volent au sacrifice. Le bâton de maréchal de France n'est qu'une chimère pour cent mille soldats qui ne l'obtiendront jamais, et cependant cette chimère les conduit joyeux à la mort. Le grand prix de Rome n'est qu'une chimère pour la plupart de ceux qui le convoitent, et cependant cette chimère retient pendant dix ans sur les bancs de l'école cinq cents artistes qui travaillent avec énergie, qui repoussent la tentation des gains faciles et des succès éphémères, acquièrent jusqu'au dernier jour de leur trentième année la science la plus solide, la pratique la plus consommée de leur art, et, lorsque leur espoir est déçu, ils se trouvent être de bons peintres, de bons sculpteurs, de bons architectes. Faut-il donc ôter aux récompenses qui inspirent tant d'abnégation leur vénérable auréole et leur grandeur ? Les grands prix, qui s'appelaient les *grands prix de l'Académie*, ne seront plus que des prix de l'École des Beaux-Arts.

Le sort est aveugle dans ses choix, mais il a surtout ses caprices. Je suppose, par exemple, que sur neuf noms, d'architectes tirés de l'urne cinq soient des noms d'architectes diocésains n'ayant d'yeux que pour le moyen âge : il est évident qu'ils donneront le prix au projet qui approchera le plus de l'art gothique. Je suppose que sur neuf peintres cinq soient, par la volonté du hasard, des peintres de genre, ils donneront le prix au tableau qui ressemblera le moins à de la peinture d'histoire. Je suppose que, sur neuf sculpteurs, cinq appartiennent à l'école réaliste : ils donneront le prix à la figure qui rendra le plus énergiquement les accidents et les infirmités du modèle. Où sera la règle ? où sera la doctrine ? où sera l'esprit de suite, si nécessaire dans tout ce qui touche à la direction de la jeunesse et à l'enseignement ? Plus votre liste sera nombreuse, plus elle offrira de prise aux jeux funestes du sort. Vous y joindrez des amateurs, des gens du monde, pour tempérer les tendances exclusives ; mais ces amateurs appliqueront aux essais d'un talent qui débute la même loupe qu'ils appliquent aux tableaux de Téniers ou d'Hobbéma. Ils jugeront l'exécution et non celui qui exécute ; ils apprécieront les effets et ne remonteront point à la cause ; ils ne chercheront point dans l'œuvre présente les promesses d'avenir ; une idée heureuse, un tour de main habile, quelques touches brillantes, les bizarreries même de certaines compositions, un détail piquant, cet éclair sans lendemain qui échappe parfois à la médiocrité, dans sa première jeunesse, les séduiront, et ils ne remarqueront ni la pauvreté du fond, ni l'inexpérience, ni les études incomplètes de celui qu'ils vont couronner. Ce sera le cas de répéter que la stricte justice est la pire injustice, car ce que l'état demande pour les pensionner à Rome, ce ne sont point des artistes habiles à surprendre un succès, ce sont des hommes sérieux et des hommes d'avenir.

L'Académie des Beaux-Arts au contraire représentait la doctrine, la tradition, et, se perpétuant par l'élection, elle offrait cette règle toujours égale que les Romains appelaient *équité*, et qui est en pareille matière supérieure à la justice. Ni l'habileté de main, ni le trompe-l'œil, ni les témérités ne faisaient illusion à des professeurs accoutumés à vivre avec la jeunesse qui se presse dans leurs ateliers. Ils ne craignaient pas de se mettre au besoin en désaccord avec les impressions du public et même des critiques de profession, parce qu'ils recherchaient surtout dans les œuvres qui leur étaient soumises les qualités élevées, la force acquise, le tempérament d'artiste, les garanties solides. Rien de plus libéral à la fois et de plus vigilant que ces jugements où le talent seul, le talent de bon aloi perçait avant l'âge : Ingres obtenait le grand prix à vingt ans ; Pradier, Baudry à vingt et un ans ; David (d'Angers), Dumont, Hébert, Cabanel, Garnier à vingt-deux ans ; Flandrin, Léon Cogniet, Guillaume à vingt-trois ans : les talents désordonnés au contraire, qui avaient beaucoup à corriger ou beaucoup à apprendre, revenaient chaque année meilleurs devant des juges qu'ils savaient ne pouvoir surprendre, et arrivaient au but plus lentement, mais par des efforts salutaires qui les ont faits ce qu'ils sont, je ne crois pas qu'il y eût dans le monde de concours où l'émulation jouât un rôle plus grand et produisît des résultats plus féconds : désormais il est à craindre que ces concours ne ressemblent à une loterie.

En même temps que l'on découragera les jeunes gens, on appauvrira singulièrement le recrutement de l'école de Rome. Dans tous les temps la limite d'âge a été fixée à trente ans, on l'abaissera à vingt-cinq : « Raphaël et Michel-Ange, dit-on, avaient fait des chefs-d'œuvre avant cet âge. » Mais depuis quand le génie, qui n'est qu'une exception, qu'un phénomène répété deux ou trois fois par siècle, sert-il de règle aux autres hommes ? Est-ce pour former des Raphaël et des Michel-Ange que vous fondez une institution ? N'est-ce pas, au contraire, pour suppléer au génie par l'abondance des leçons, l'excitation des esprits, le secours de la tradition, le nombre des maîtres, la variété des talents ? Le génie naît complet comme un rayon de lumière ; le talent est fils du travail et de la patience. Il se peut qu'on possède à vingt-cinq ans les procédés de la peinture et qu'on ait analysé les ressources élémentaires de la palette ; mais le dessin, qui est l'âme de la peinture, le caractère idéal qu'on sait imprimer à la nature, même en la copiant, le style, sans lequel on ne crée rien de durable, on les possède rarement à vingt-cinq ans ; il faut plus de labeur et plus de maturité pour atteindre à cette énergie d'expression, à ce sentiment de la grandeur qu'on emporte en germe à Rome et qui s'y développe. La sculpture, qui est la science des formes et de l'abstraction, demande plus de temps encore ; il faut lutter contre des difficultés manuelles, apprendre comment se domptent les matières les plus rebelles. Rude, qui a fait le plus beau bas-relief de notre siècle, Perraud, qui a exécuté la statue la plus puissante, le *Faune*, n'ont eu le prix qu'à vingt-huit ans. Quant à l'architecture, elle exige des connaissances si nombreuses, des études si variées, une éducation si complète, qu'on peut affirmer qu'il n'y a point d'architecte avant trente ans. N'est-il pas d'ailleurs désirable qu'avant de s'adonner exclusivement à l'art, les élèves aient fini leur éducation littéraire, qu'ils aient fait leurs classes quand leur famille le leur permet et quand l'état leur en donne les moyens ? La culture de l'intelligence n'est-elle pas aujourd'hui la première loi de toutes les professions ? Soyez certains que vous verrez se produire deux résultats également funestes : l'abandon des études classiques par les artistes, l'affaiblissement proportionnel de leurs études techniques. Les cinq années que vous leur retranchez, c'était le temps le plus précieux, le mieux employé de leur jeunesse, c'était le délai nécessaire pour acquérir successivement les connaissances diverses que leur impose notre civilisation. S'ils entraient plus tard dans la vie active, ils y entraient armés de toutes pièces, éprouvés, sûrs de vaincre.

Lorsqu'on a fait sur les registres de l'École des Beaux-Arts le relevé des élèves qui avaient dépassé leur vingt-cinquième année ou qui allaient l'atteindre, on a été effrayé du nombre des exclus. Sur cent vingt élèves de première classe, peintres et sculpteurs, près de cent devaient renoncer à concourir en 1865 pour le grand prix de Rome ; sur soixante-sept élèves architectes de première classe, neuf seulement pouvaient se présenter dans la lice en 1864. L'administration a reculé devant une rigueur rétroactive qui bannissait l'élite de la jeunesse, et laissait tomber les prix de Rome dans des mains qui n'étaient point prêtes pour les saisir. Une mesure d'humanité proroge jusqu'en 1867 l'application du nouveau système. Le mal, hélas ! n'est que différé : on constatera en 1867 l'abaissement subit du niveau des concours.

Il est une autre considération, d'un ordre tout à fait général, à laquelle il semble qu'on n'ait point égard. Les grands prix de Rome ne sont pas le privilège de l'École des Beaux-Arts de Paris : ce sont des prix nationaux, fondés par l'état, confiés à l'Institut, proposés à la France entière. Tout Français a le droit de concourir, et la province fournit à l'École de Rome un contingent qui égale celui de Paris, s'il ne le surpasse. Les conseils municipaux ou les conseils-généraux s'imposent pour envoyer les élèves les plus distingués des écoles départementales se fortifier dans les ateliers de Paris, se pénétrer des leçons des premiers maîtres, et se rendre capables de remporter le prix de Rome. Ce prix exerce un prestige plus grand encore sur les imaginations des habitants de la province. Les villes suivent avec sollicitude leurs enfants, elles sont fières de leur offrir une pension qui les exempt des soucis matériels et leur laisse la liberté du travail : s'ils rapportent la palme, c'est une fête pour tous leurs concitoyens, et on les accueille avec des honneurs et des manifestations qui ne le cèdent qu'aux honneurs rendus par les cités grecques aux athlètes vainqueurs ; mais ces concurrents, que les départements nous envoient, ils n'arrivent plus jeunes à Paris : il leur a fallu échapper à la conscription, suivre les écoles spéciales de chaque pays, en sortir les premiers, se faire connaître, donner des gages de talent, trouver des protecteurs. Ils ont déjà vingt-trois ans, vingt-quatre ans, lorsqu'une pension leur est accordée, lorsque Paris leur est ouvert. Alors il est nécessaire de reprendre toutes les études, de traverser toutes les épreuves préparatoires, d'écouter les maîtres éminents que l'on n'avait pu trouver dans sa province. Plusieurs années s'écoulent et les vingt-cinq ans sont dépassés avant qu'on soit prêt à disputer la victoire. Désormais ces nobles efforts sont interdits aux villes des départements : qu'elles épargnent leurs pensions, qu'elles gardent leur jeunesse, qu'elles cessent de mêler leur sève plus lente, mais plus vigoureuse, à la sève hâtive de Paris ! La limite d'âge est un obstacle inexorable, et les prix de Rome deviendront par la force des choses le partage non disputé d'une capitale qui tend à tout absorber.

J'ai laissé échapper le mot de conscription, mot terrible pour ceux qui se vouent au culte de l'art et qui sont pauvres : c'est les honorer que d'ajouter qu'ils le sont presque tous. Si le sort le veut, il faut jeter les pinceaux, laisser le bloc de marbre inachevé, renoncer à la gloire rêvée et à la Muse, qui versait déjà l'inspiration dans le cœur de l'artiste ; on part soldat. Un usage paternel, libéral, juste, avait institué les seconds grands prix : tous ceux qui remportaient les seconds prix de peinture, de sculpture, d'architecture, de gravure, de musique, étaient exemptés de la conscription. L'Institut pouvait ainsi soustraire à la loi les jeunes gens qui, sans mériter encore d'être envoyés à Rome, donnaient cependant de belles espérances et faisaient preuve de talent. Aujourd'hui les seconds prix sont abolis, sans qu'il soit possible d'approuver le motif d'une mesure aussi cruelle. M. de Nieuwerkerke prétend, dans son rapport, que

Section II

le premier prix n'en aura que plus de valeur, étant unique ; mais le second prix ne servait qu'à exempter du service militaire celui qui l'obtenait, et l'on se demande où est l'avantage d'une suppression qui expose à être moissonnés par la guerre à vingt ans les artistes qui pourraient remporter le grand prix à vingt-cinq ?

Cette faveur cependant avait été accordée à l'Institut par l'empereur Napoléon Ier à une époque où les hommes appelés sous les drapeaux se dégageaient difficilement. Le 16 mars 1809, le secrétaire perpétuel de l'Académie des Beaux-Arts, Lebreton, écrivait au ministre de l'intérieur, Cretet, pour réclamer cette exemption. Dix jours après, il lisait à l'Académie une réponse ou le ministre l'informait qu'il avait fait part, en l'appuyant, de sa réclamation au ministre d'état,[1] et le 13 mai 1809 celui-ci écrivait à son tour au secrétaire de l'Académie que le bénéfice de l'exemption était assuré aux seconds prix comme aux premiers.[2] Ainsi la faveur que le premier empire, avait accordée aux artistes en temps de guerre, le second la leur retire en pleine paix !

Cette rigueur a d'autres conséquences dont il est aisé de se rendre compte, car, dans les diverses fondations qui se rapportaient aux prix de Rome, tout s'enchaînait avec une touchante prévoyance. Ce n'était pas assez de sauver la vie des futurs lauréats, il fallait assurer la sécurité de leur travail. Des legs et des donations constitués par des particuliers venaient en aide aux jeunes gens pauvres, et leur permettaient de se livrer tout entiers à leur art. Le 5 mars 1847, M. le baron de Trémont insérait cette clause dans son testament :

« Il sera fondé deux prix d'encouragement de *mille francs* chacun,

---

[1] Voici la lettre du ministre de l'intérieur : « J'ai reçu, monsieur, la lettre que vous m'avez adressée le 16 de ce mois relativement au sieur L..., qui réclame l'exemption du service militaire, comme ayant obtenu un second grand prix. J'ai écrit dans le sens de cette lettre à son excellence le ministre d'état, directeur-général de la conscription militaire. Les détails dans lesquels je suis entré montreront que l'intention de sa majesté a été d'accorder la même faveur aux seconds grands prix qu'aux premiers. » « CRETET. »

[2] « J'ai l'honneur de vous prévenir, monsieur et cher confrère, que, suivant les explications qui m'ont été données par son excellence le ministre de l'intérieur au sujet du degré de faveur que sa majesté veut bien accorder aux élèves couronnés chaque année par l'Institut national, les jeunes gens qui ont remporté les premiers et seconds prix de peinture, sculpture, etc., sont également fondés à prétendre à l'exemption du service militaire. » « Comte de CESSAC. »

mis à la disposition de l'Académie des Beaux-Arts de l'Institut, pour être décernés par elle à deux jeunes peintres ou statuaires et à un musicien, pauvres et distingués dans leurs études... Je désire que les seconds prix appellent principalement l'attention de l'Académie. »

Le 26 mai 1855, Mlle Esterre Leclère, voulant honorer la mémoire de M. Achille Leclère, son frère, architecte, membre de l'institut, déclarait faire donation à l'Académie des Beaux-Arts de *mille francs* de rente aux conditions suivantes :

« 1° La somme de *mille francs* devra être affectée exclusivement chaque année à récompenser l'élève architecte qui aura obtenu dans les concours annuels ouverts par l'Académie des Beaux-Arts le premier second grand prix d'architecture ;

« 2° Cette récompense recevra la dénomination de *prix Achille Leclère*, et devra être décernée chaque année en même temps que le premier second grand prix. »

Que deviennent ces généreuses fondations maintenant que le second prix est supprimé ? L'Académie ne sera-t-elle pas forcée de rendre aux héritiers un capital de 70,000 francs qui n'a plus de destination ? Tout est ôté à la fois à cette jeunesse si laborieuse et si digne de sympathies, le temps de concourir, le droit de racheter à la patrie sa dette de sang, les ressources mêmes qui étaient mises si noblement à la disposition du talent précoce et pauvre. Certes on a bien fait de nous avertir dans le rapport que les réformes qu'on proposait étaient des *réformes libérales*. C'est sans doute le même *libéralisme* qui fait abolir le prix de paysage historique, décerné tous les quatre ans. Qu'iraient faire à Rome en effet nos paysagistes ? Ne seraient-ils pas tentés d'y suivre les traces de deux peintres qui y ont vécu et dont il faut redouter l'exemple ? Qui ne comprend que, si le paysage grandiose et classique doit être proscrit quelque part, c'est dans le pays qui a produit Nicolas Poussin et Claude Lorrain ?

Voilà donc bien des causes d'appauvrissement pour les concours. Il en est d'autres encore que l'expérience fera malheureusement découvrir. Les prix de Rome n'en seront pas moins décernés ; les lauréats partiront plus jeunes, plus faibles, plus ignorants, mais ils partiront. Travailleront-ils davantage à Rome ? Apprendront-ils seuls ce qu'ils n'ont pas eu le temps d'apprendre à Paris avec leurs professeurs ? Se formeront-ils par un séjour prolongé, par un surcroît d'études ? Non pas, le *libéralisme* y a mis bon ordre. Leurs prédécesseurs restaient cinq ans à Rome, ils n'en resteront que deux ; leurs prédécesseurs étaient astreints par l'état à une série de travaux, gradués d'année en année, qu'ils envoyaient à Paris ; eux, après un ou deux envois lestement expédiés, seront quittes envers l'état. Leurs prédécesseurs savaient que leurs œuvres seraient soumises à l'Institut, qu'elles seraient l'objet d'un jugement lu en séance publique, et la pensée de mériter les éloges des maîtres de l'art, le désir de frapper leurs esprits par un chef-d'œuvre, l'espoir de s'asseoir bientôt parmi eux, les enflammaient et les rendaient capables d'efforts surhumains. Les futurs pensionnaires n'auront point ces soucis ; ils n'auront plus rien de commun avec l'Académie. Leurs envois une fois adressés au ministère des beaux-arts, ils attendront le récépissé de quelque employé, et se disperseront comme il leur plaira. Une pension plus forte, deux autres années leur seront accordées, et *ils pourront, selon leur goût et leurs convenances, les consacrer à des voyages instructifs*. Lequel d'entre eux résistera à une aussi douce tentation ? Qui oserait exiger tant d'héroïsme de jeunes gens de vingt ans ? La Grèce, Constantinople, Jérusalem, l'Espagne, l'Afrique, les appelleront : comment ne s'y précipiteraient-ils pas avec enthousiasme ? Mais que deviendra pendant ce temps l'art de peindre ? Est-ce dans une auberge qu'on trouve des ateliers ? Le sculpteur emportera-t-il avec lui les blocs de marbre qu'il faut sculpter ? Le graveur tirera-t-il tous les soirs de sa malle la planche de cuivre qu'il doit tailler ? Les plus sages se fixeront dans une autre capitale. Avouez qu'il est beau de quitter Rome pour aller vivre deux ans à Londres ou à Berlin ! Les plus légers courront le monde en noircissant quelques albums ; ils reviendront plus élégants, plus cultivés, pleins de souvenirs agréablement contés, riches de croquis spirituellement esquissés : ce seront des amateurs, des *dilettanti*, ce ne seront plus des artistes. Ils savaient peu quand ils ont quitté Paris, ils sauront encore moins quand ils y reviendront, car l'art est un tyran jaloux, et la pratique ne s'en acquiert que par un labeur assidu. Demandez à tous nos maîtres comment s'est passée leur jeunesse, de quelles luttes, de quels désespoirs secrets leurs ateliers ont été le théâtre.

Pendant ce temps, la villa Médicis sera à peu près déserte. Au lieu de vingt-cinq pensionnaires, neuf seulement l'habiteront, c'est-à-dire deux peintres, deux sculpteurs, deux architectes, deux musiciens et un graveur, les novices des deux premières années. Est-ce là une représentation digne de la France, digne de l'influence française ? Que diront les Romains, qui sont accoutumés à regarder l'Académie de France avec admiration ? Que ne diront pas les artistes étrangers qui affluent dans la ville éternelle, et qui, dans les expositions, triompheront sans peine, chose nouvelle pour eux, de nos trop faibles lauréats ? Et cette tradition que les anciens transmettaient à leurs successeurs, ces règles non écrites dont ils perpétuaient le souvenir, tout sera interrompu ! La moralité du travail commun, la dignité, le désintéressement, cette noblesse de cœur dont on se pénétrait à Rome par cinq ans de contemplation, de bons exemples, de conseils respectés, de fraternité généreuse, et qu'on rapportait à Paris pour le reste de sa vie, tout sera dissipé ! Ce faisceau d'œuvres diverses que les pensionnaires envoyaient régulièrement à la fin de septembre, que l'on exposait au palais des Beaux-Arts, que le public venait voir avec tant d'empressement, et qui semblait un tribut de talent et de reconnaissance payé à la patrie, que deviendra-t-il ? Dans cinq ans, dès que les nouvelles mesures auront produit tout leur effet, les envois seront si peu nombreux, si chétifs, qu'on n'osera plus les exposer. Ah ! j'avais raison de le dire en commençant, mieux valait supprimer d'un seul coup l'école de Rome.

Les questions qui touchent à l'enseignement, à la direction des intelligences, à l'avenir de l'art ou des lettres, sont à la fois délicates et redoutables : quand on altère l'ordre établi, on ne sait jamais quel bien on obtiendra, on voit toujours quel mal on aura fait. Il faut plusieurs générations et l'effort insensible du temps pour fonder, améliorer, corriger ces grandes institutions qui honorent un peuple ; mais quand on y porte la hache, tout dépérit. Une expérience récente a cependant appris au gouvernement le danger des réformes radicales en matière d'enseignement. Il y a dix ans, on a réformé l'École normale, les lycées, toute l'Université. Ce changement ne s'est point fait sans précautions et n'a point été un coup de surprise comme celui d'aujourd'hui, dont nous n'avons été

Section II

avertis que par *le Moniteur*. Le conseil impérial de l'instruction publique a été consulté : de longues discussions ont eu lieu ; les inspecteurs-généraux des sciences ont exposé leur système et l'ont fait triompher sur le système des inspecteurs-généraux des lettres. La révolution faite, qu'est-il arrivé ? Après quelques années, l'affaiblissement des études, l'entraînement irréfléchi des jeunes gens vers les spécialités, la décadence de l'École normale, la langueur de l'Université sont devenus si manifestes que le gouvernement en a été effrayé. Aujourd'hui quelle est la première mission confiée au ministre de l'instruction publique ? C'est de tout rétablir dans l'ordre primitif, l'enseignement, les concours, les programmes, et jusqu'aux noms des chaires qu'on avait supprimées.

Il en sera de même dans les arts ; on voudra, avant qu'il s'écoule beaucoup de temps, refaire ce que l'on détruit aujourd'hui. Seulement le mal sera plus grand encore que dans les lettres, car la pensée pure est quelque chose de plus indépendant, de plus individuel que la pensée traduite par la matière, et si le style de l'écrivain est un don naturel, le style du peintre et du sculpteur est une qualité acquise. L'enseignement, la tradition, l'esprit de suite, la doctrine, sont donc encore plus nécessaires aux artistes, et, la chaîne une fois rompue, il est bien difficile de la renouer.

M. Ingres, à la fin de sa réfutation du rapport déjà cité, écrivait, à propos des changements introduits à l'École des Beaux-Arts de Paris, ces nobles et courageuses paroles : « En résumé, j'ai l'honneur de déclarer en mon âme et conscience que je blâme les changements projetés, parce qu'ils détruisent la bonne organisation de l'école, qu'ils portent atteinte à des droits acquis et respectables, à un enseignement basé sur les grandes traditions classiques, pour ne mettre à leur place qu'un enseignement de fantaisie et d'aventure, des juges incompétents et une direction fausse dans les études. »

Et moi, je viens à mon tour déclarer, pour ce qui concerne l'école de Rome, que les réformes annoncées amèneront infailliblement son abaissement et sa ruine. C'est l'espoir de quelques esprits chagrins, qui n'ont jamais caché ce vœu digne des barbares ; mais ce serait l'affliction de tous les honnêtes gens, qui considèrent l'Académie de France à Rome comme une institution nationale, d'où sont sortis nos plus beaux talents, et qui n'a survécu à toutes les révolutions que pour mieux constater la vitalité du génie français. S'il nous reste encore une gloire non contestée, c'est celle des arts : ne la compromettons point follement en répudiant deux siècles d'un passé fécond, en tranchant l'avenir dans sa fleur. Ce serait pour l'Europe elle-même un sujet de stupeur. Que tous ceux qui aiment le beau, leur pays, la jeunesse, s'unissent pour former ce concert de voix convaincues qui s'appelle l'opinion publique, et qui, s'il ne persuade pas toujours l'administration, la force du moins à réfléchir.

ISBN : 978-1976539800

www.ingramcontent.com/pod-product-compliance
Lightning Source LLC
Chambersburg PA
CBHW050253230526
45470CB00005B/2248